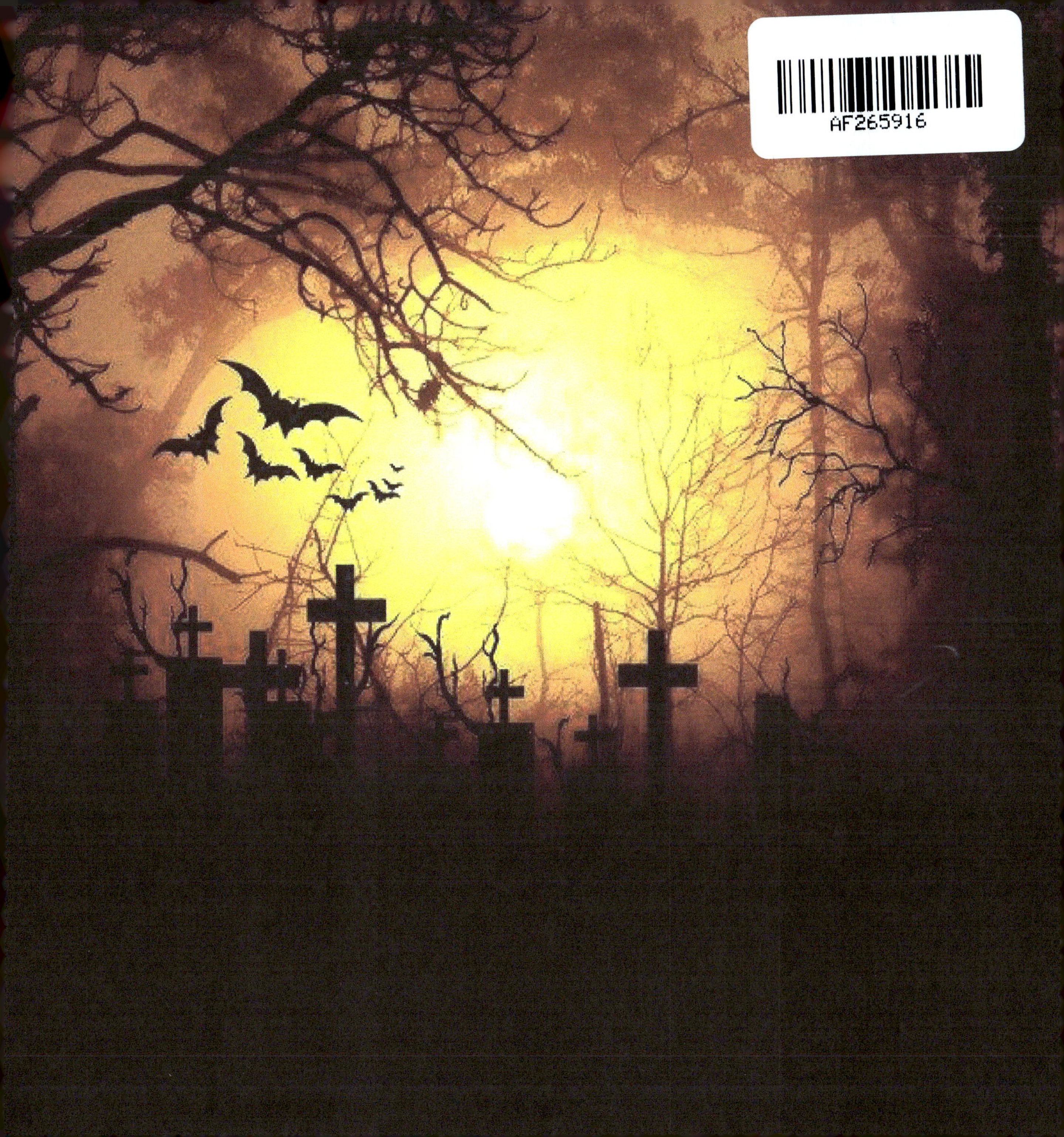
AF265916

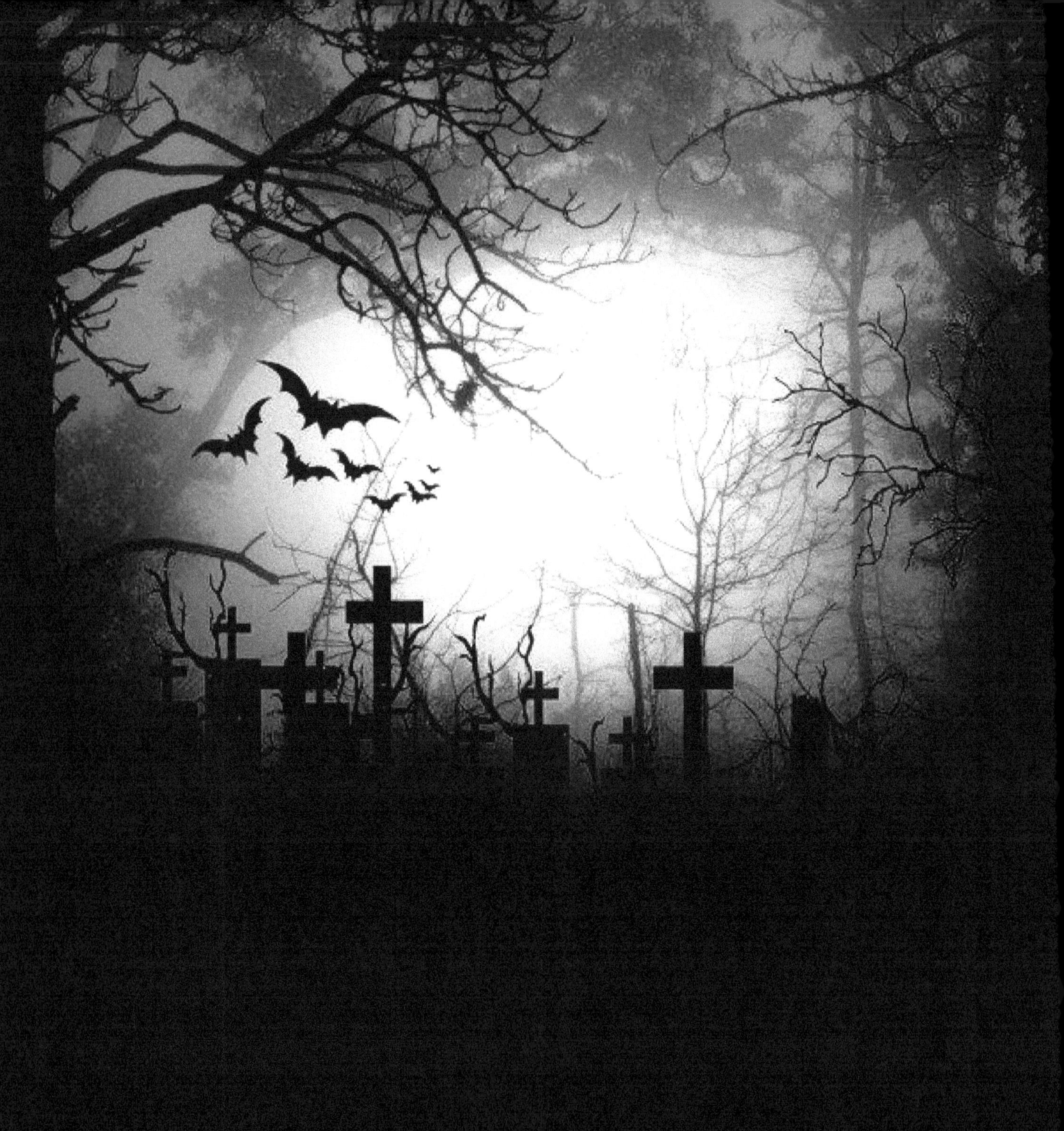

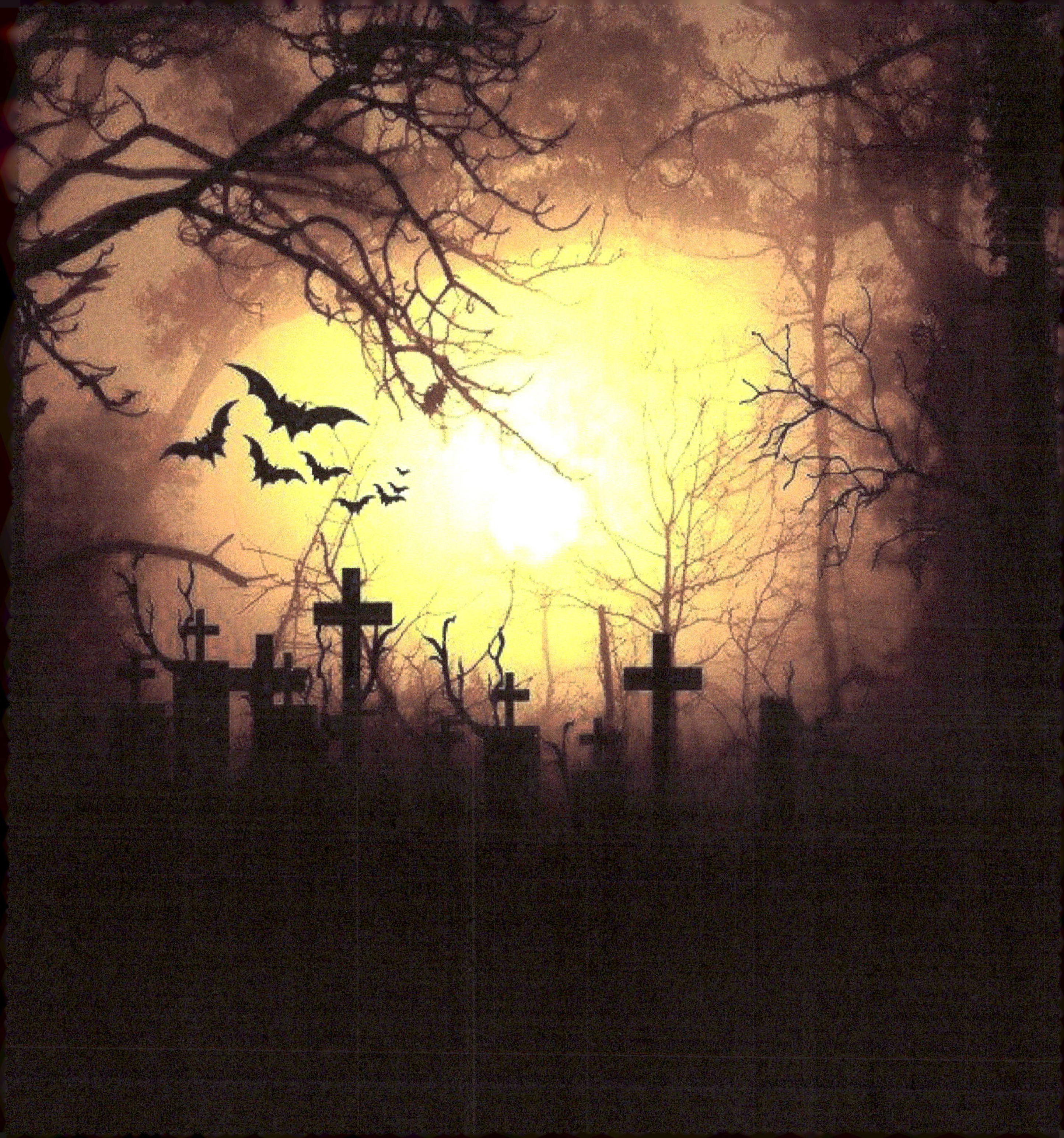

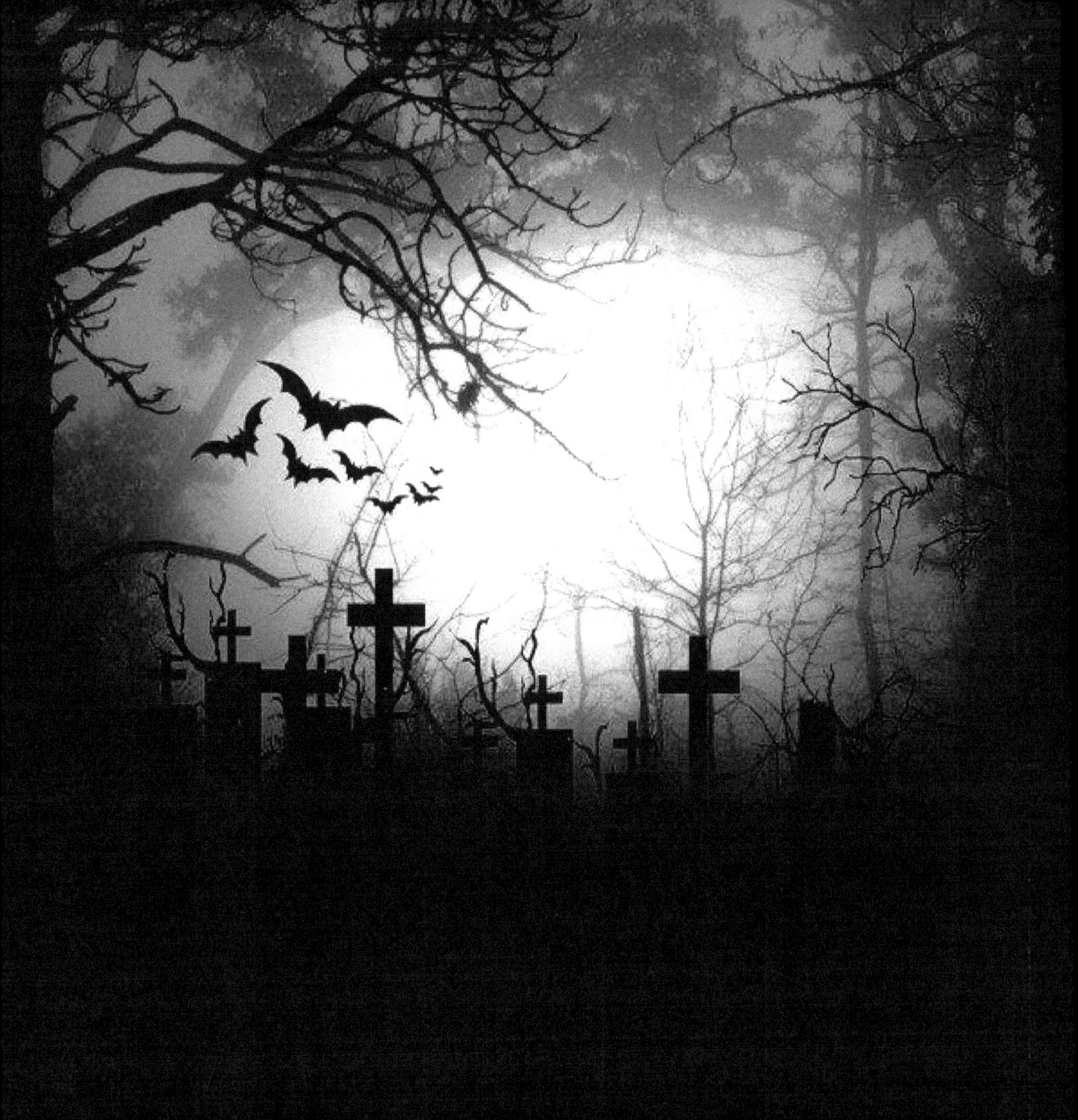

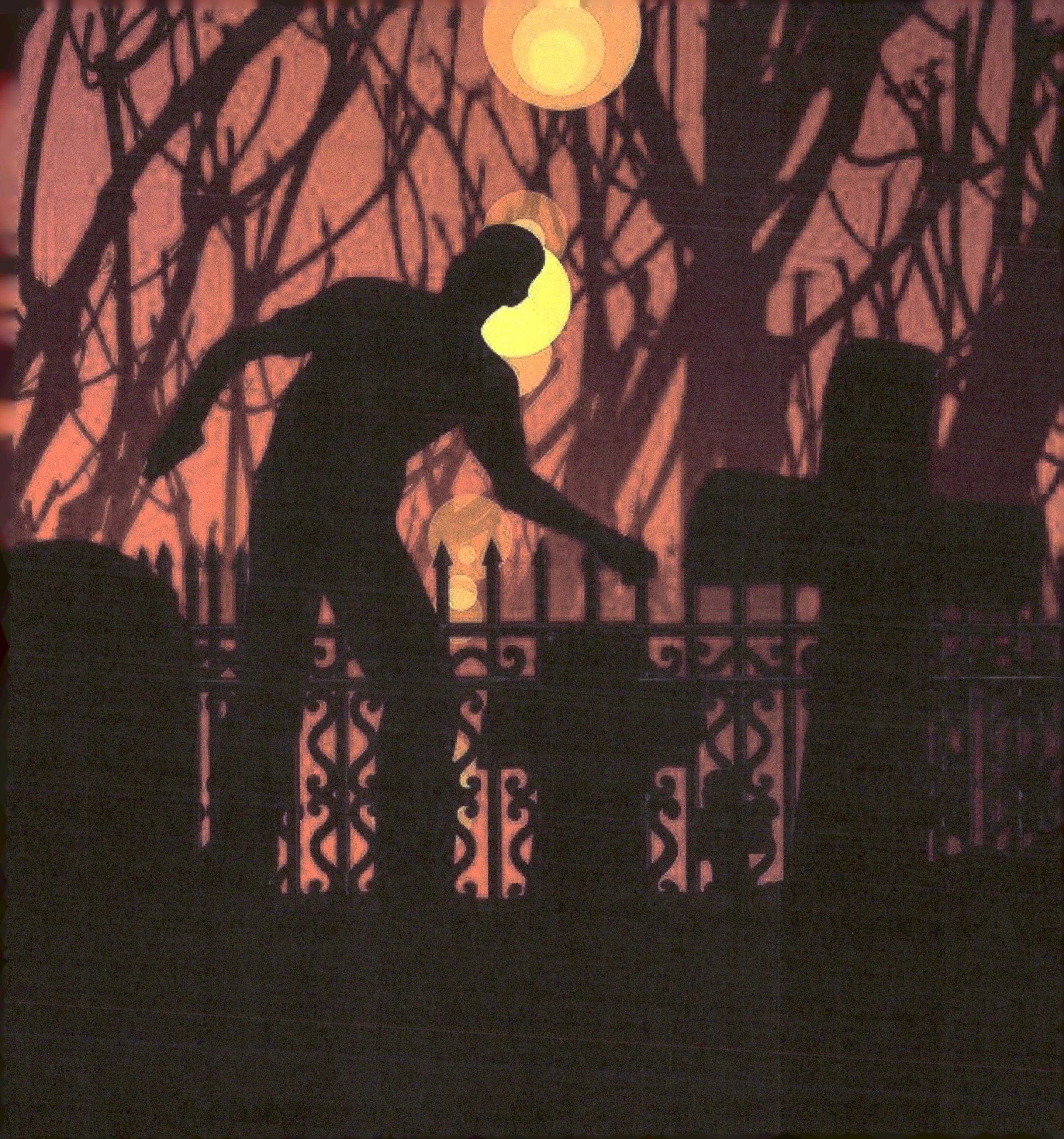

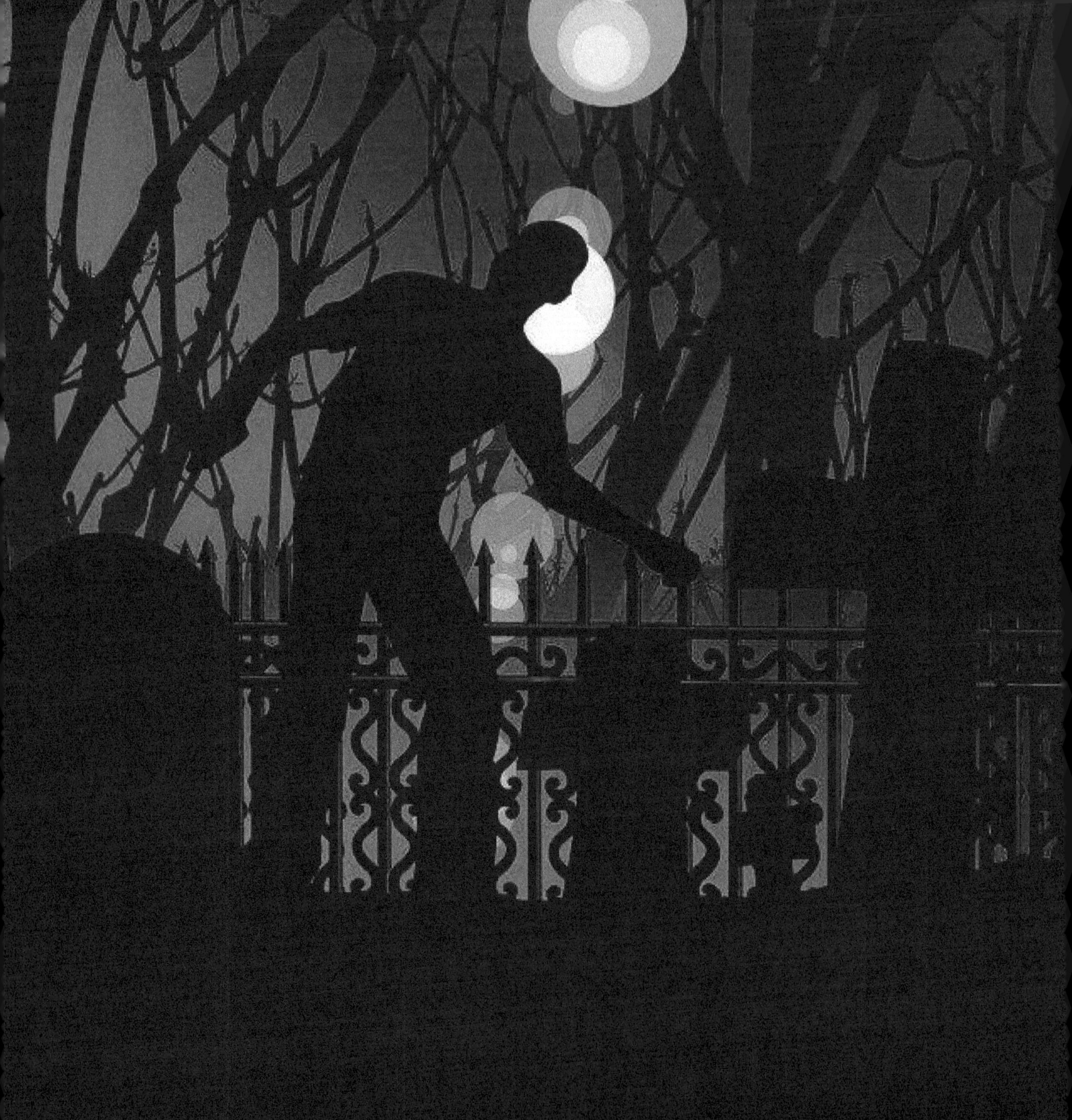

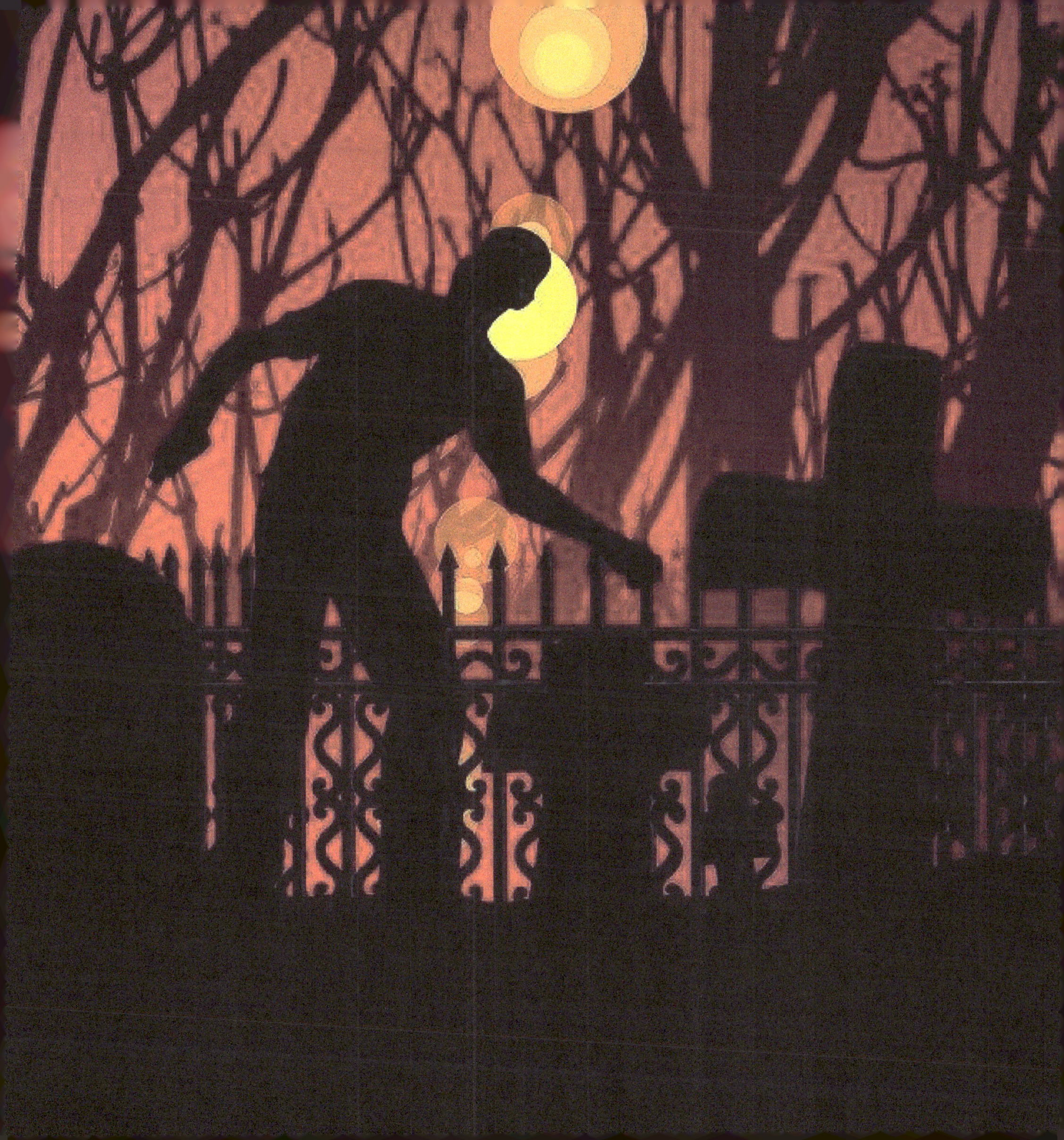

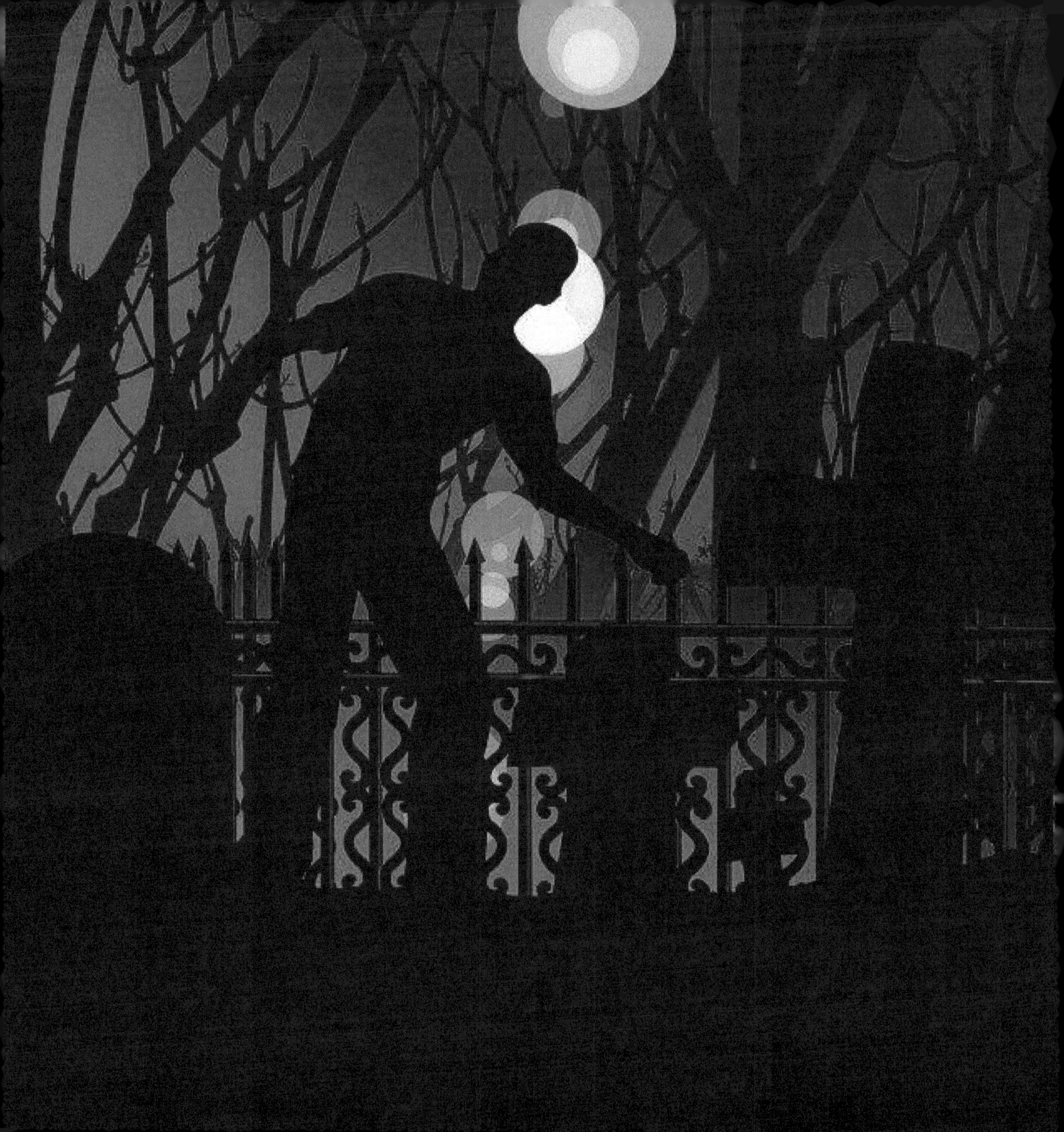

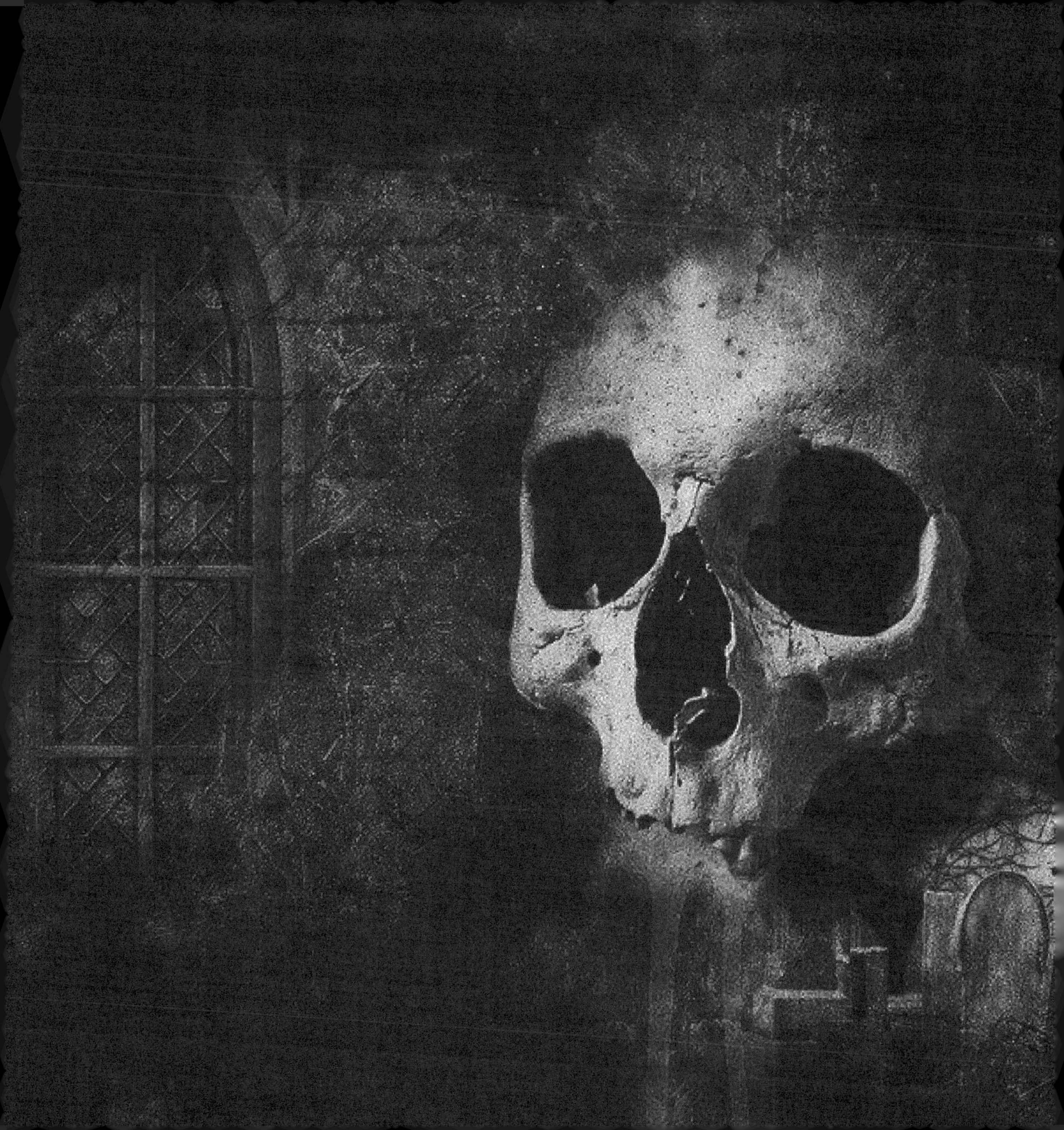

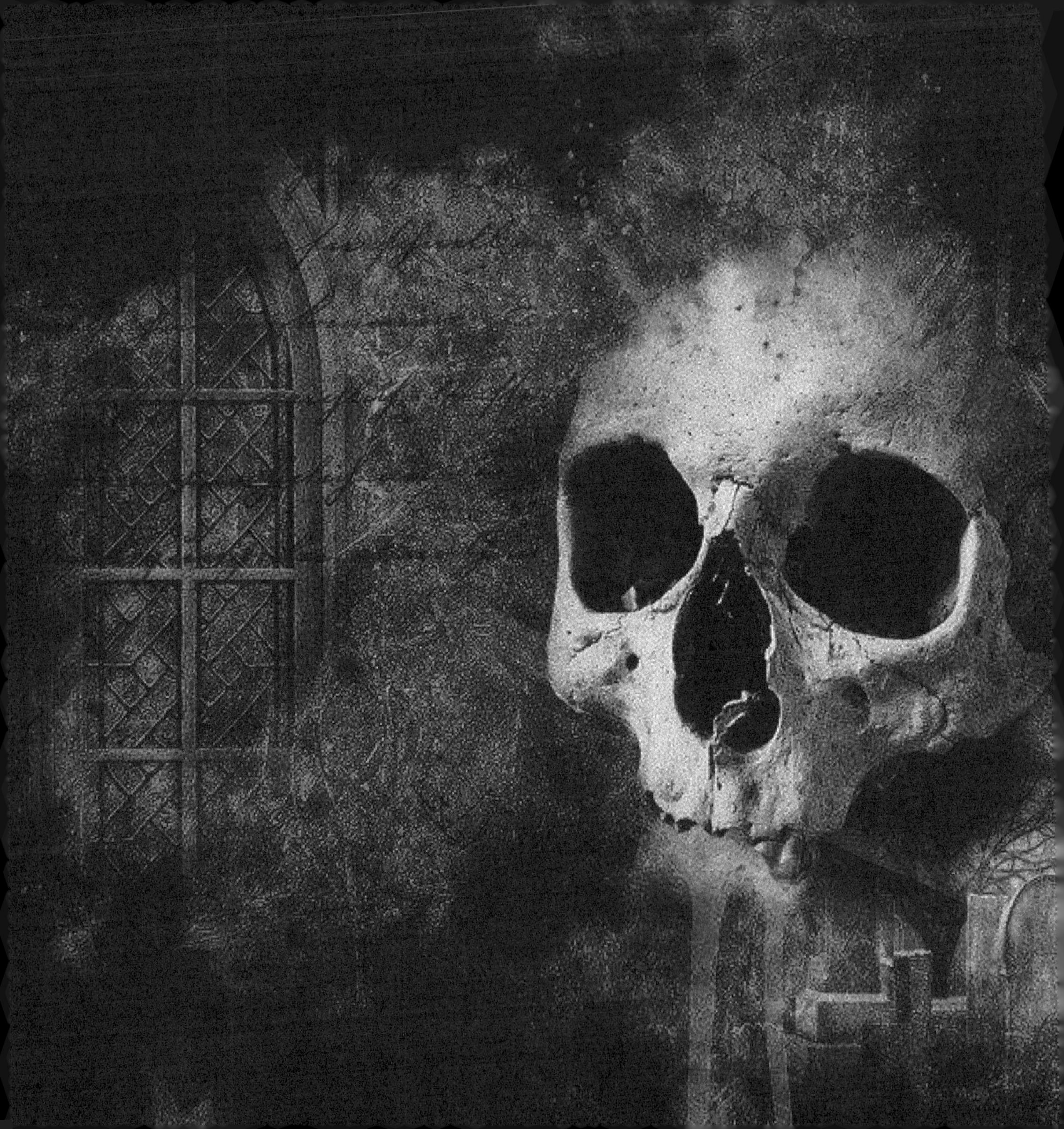

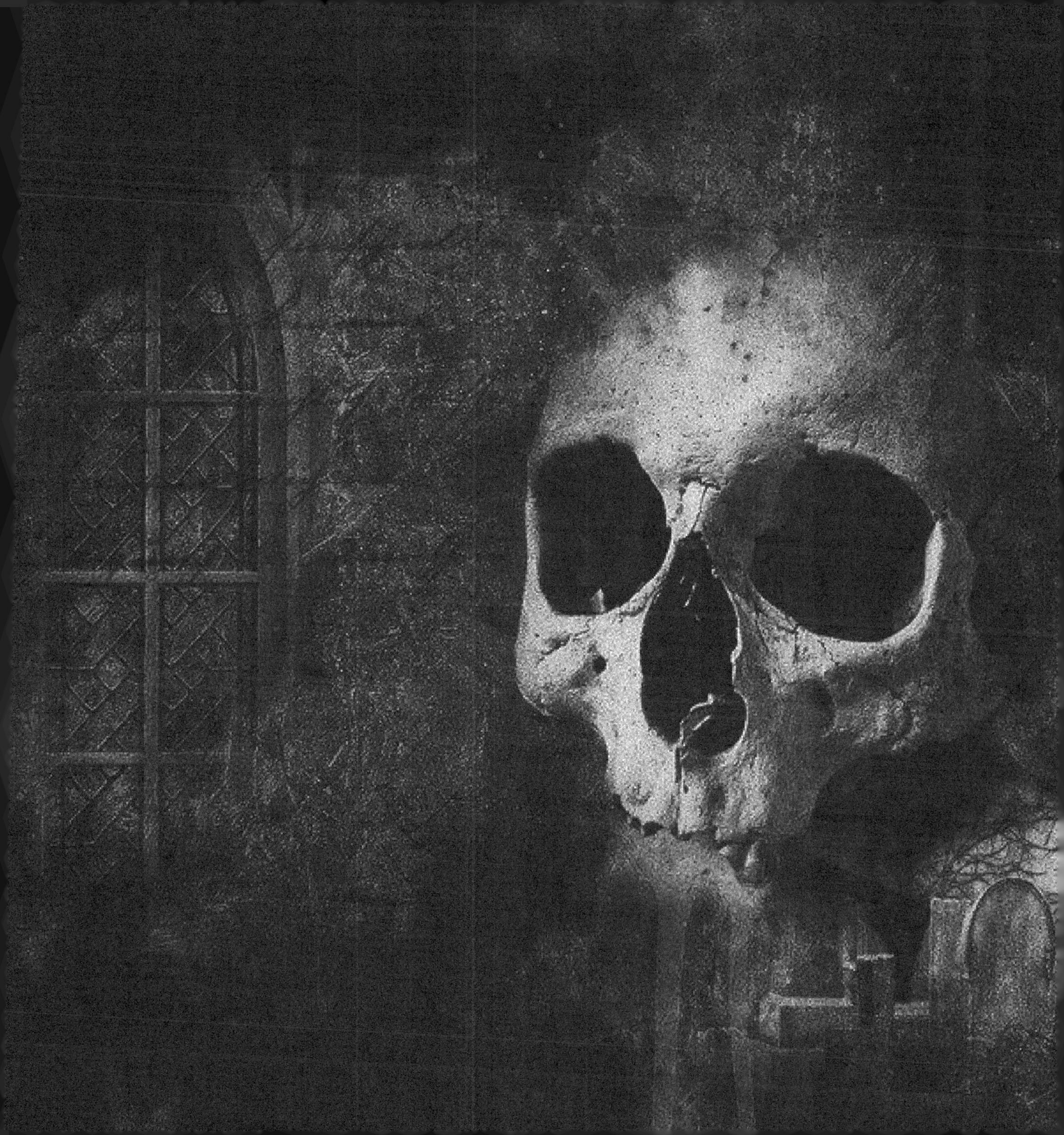

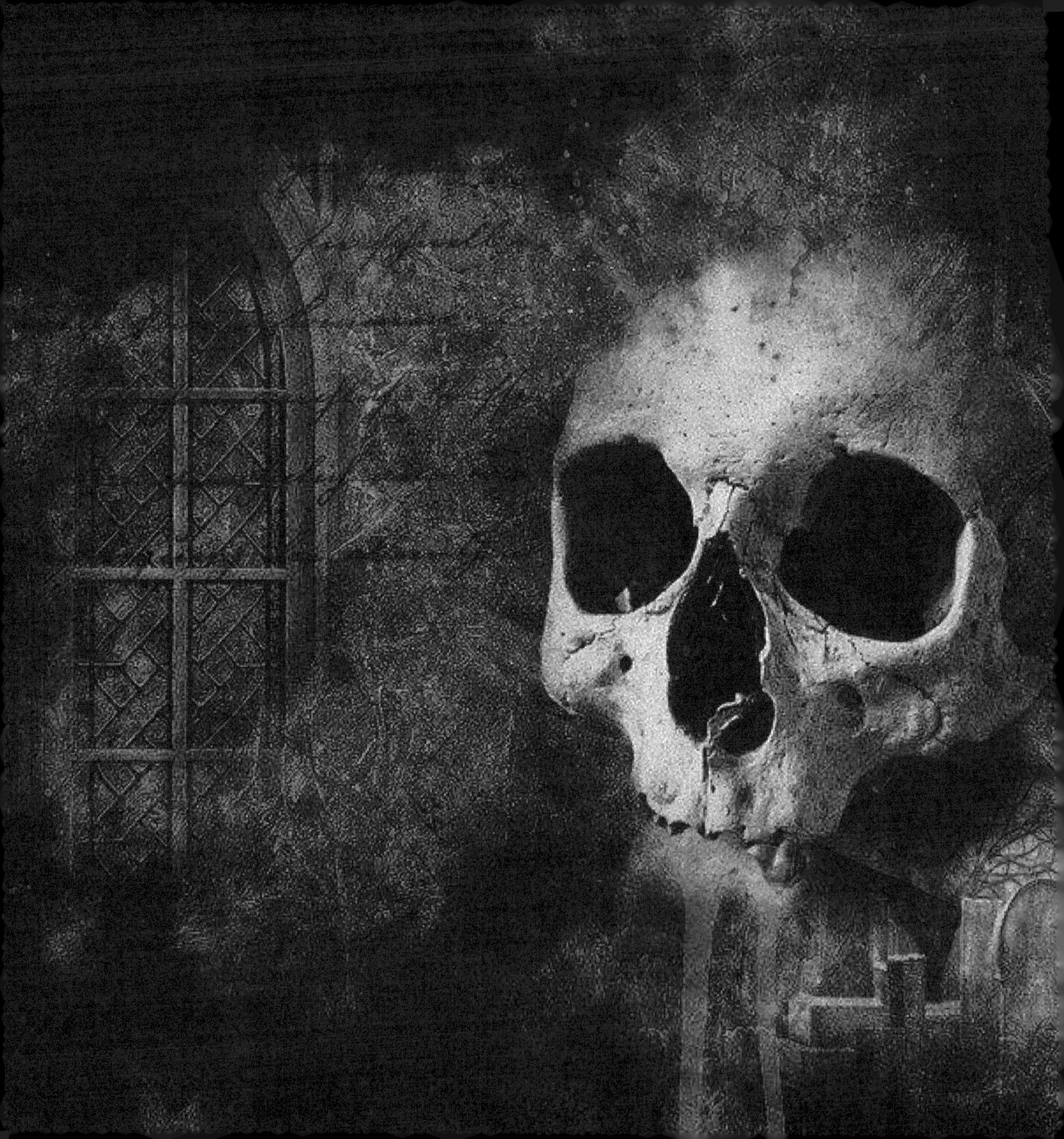

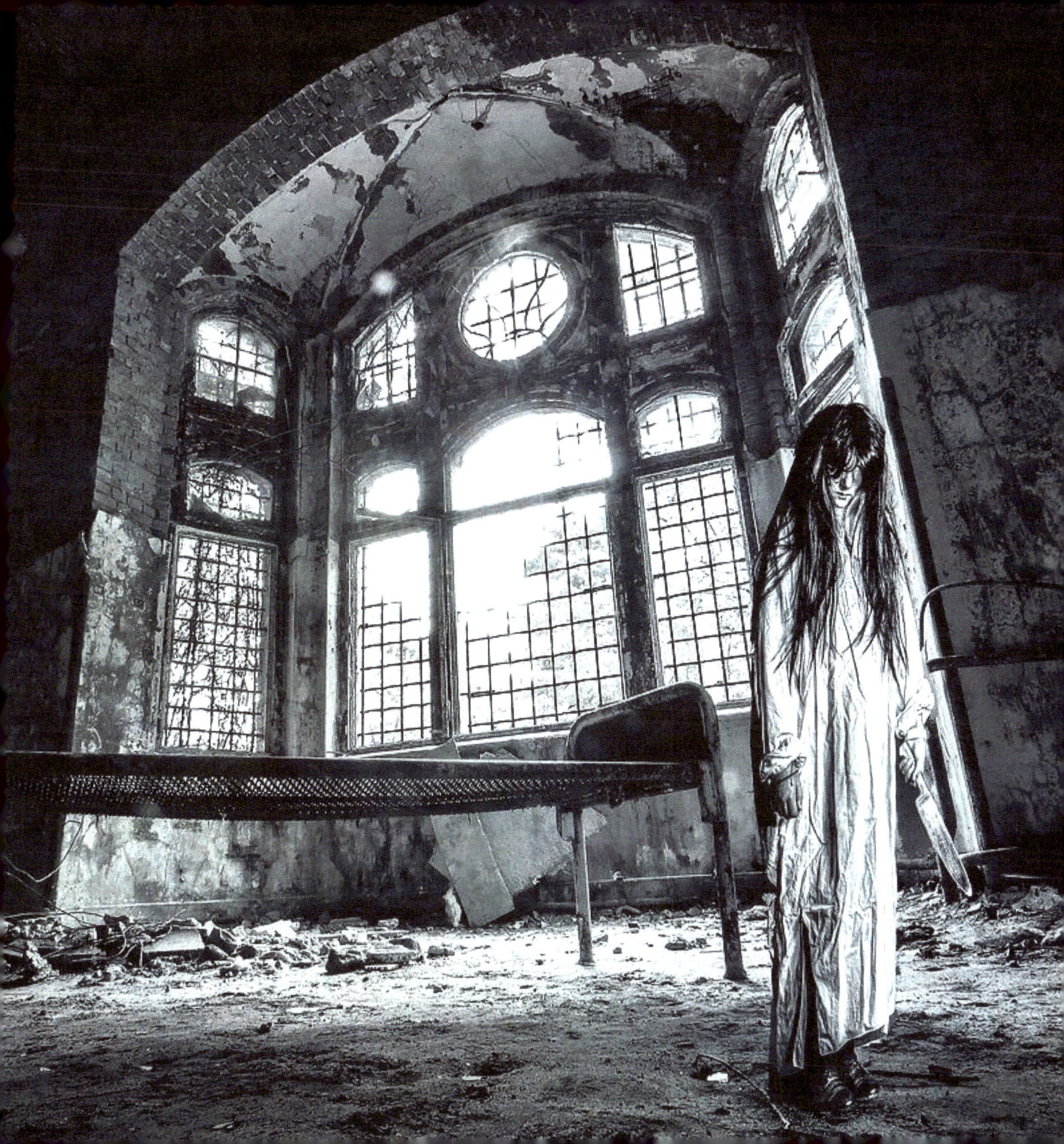

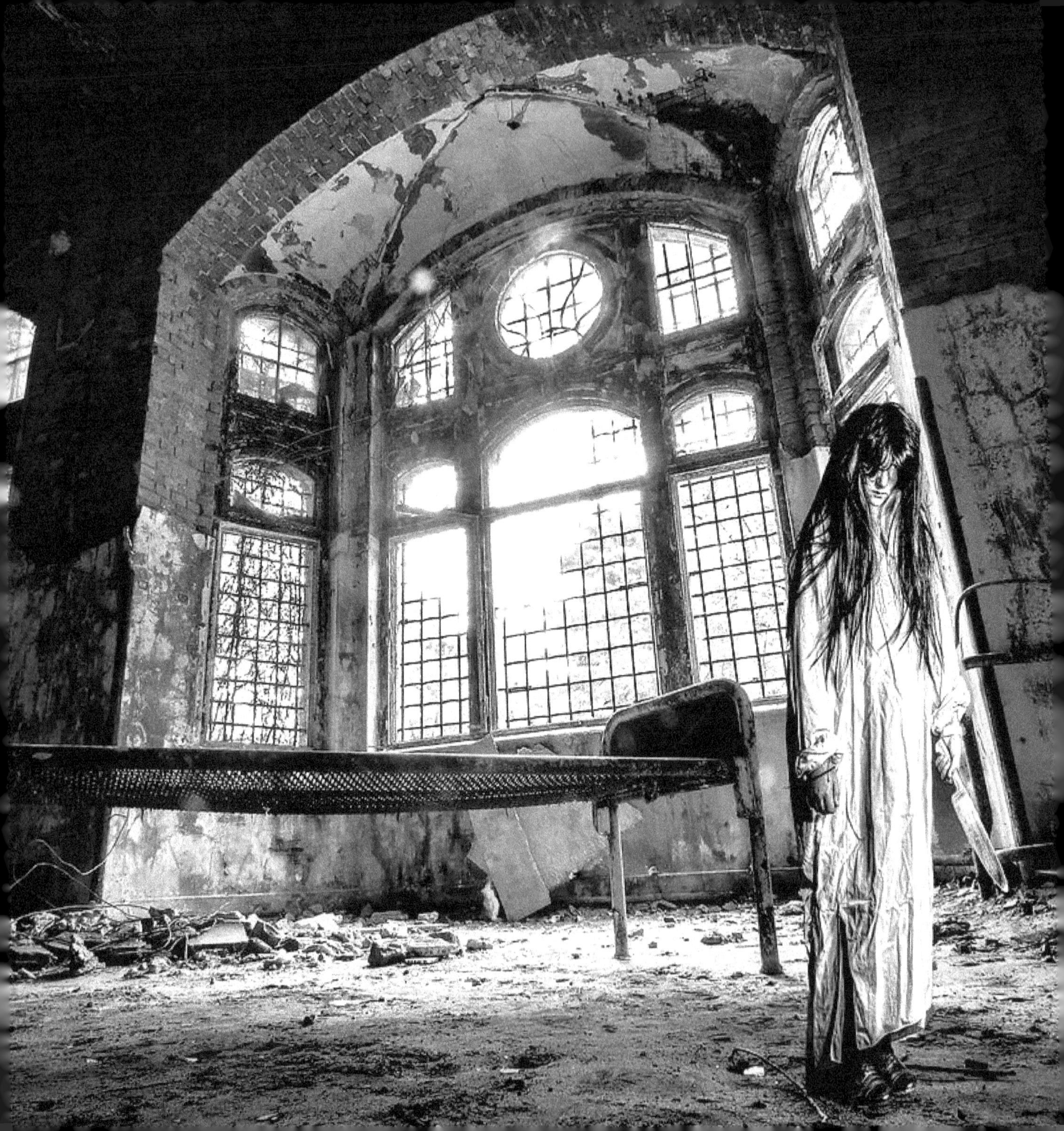

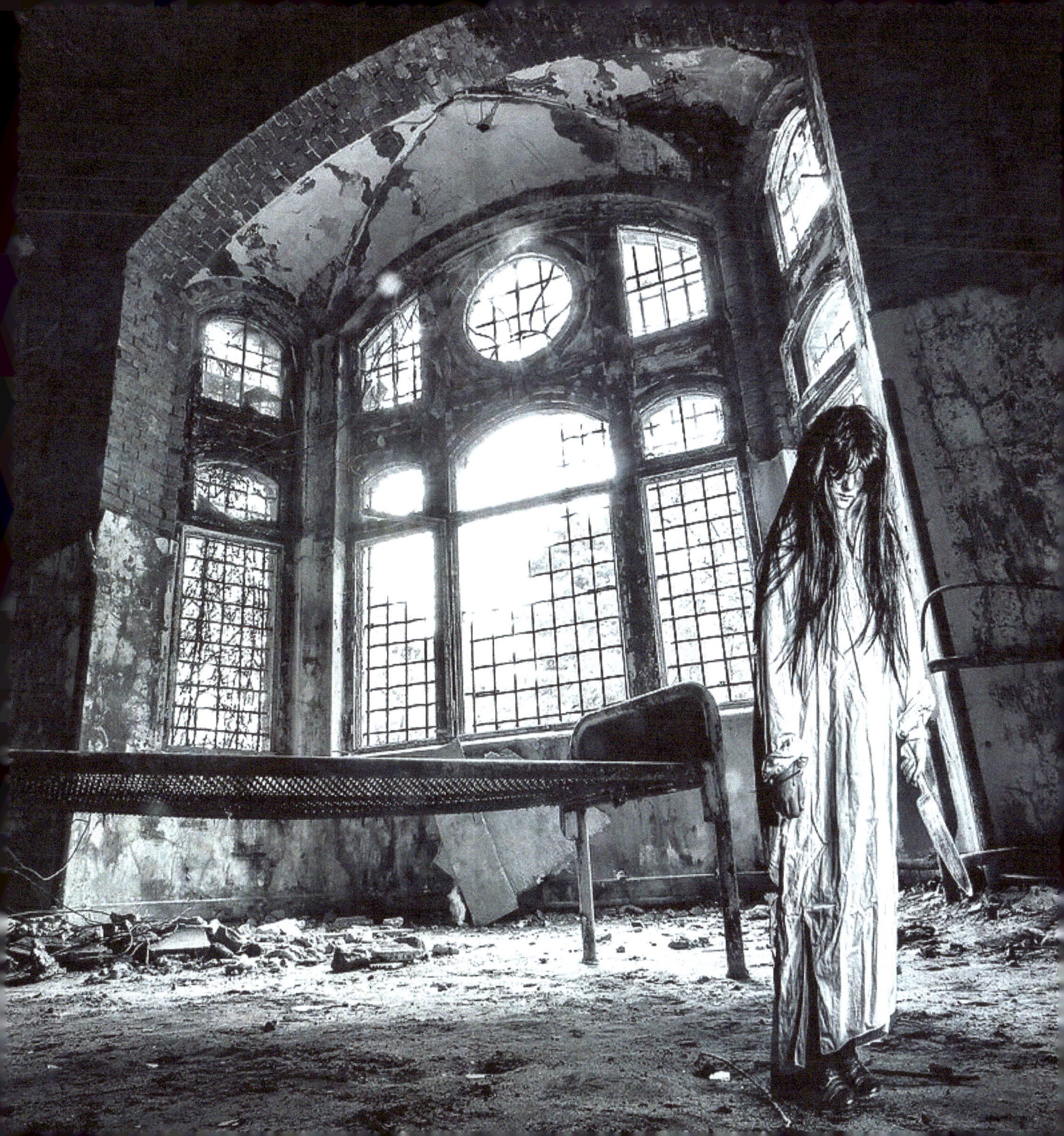

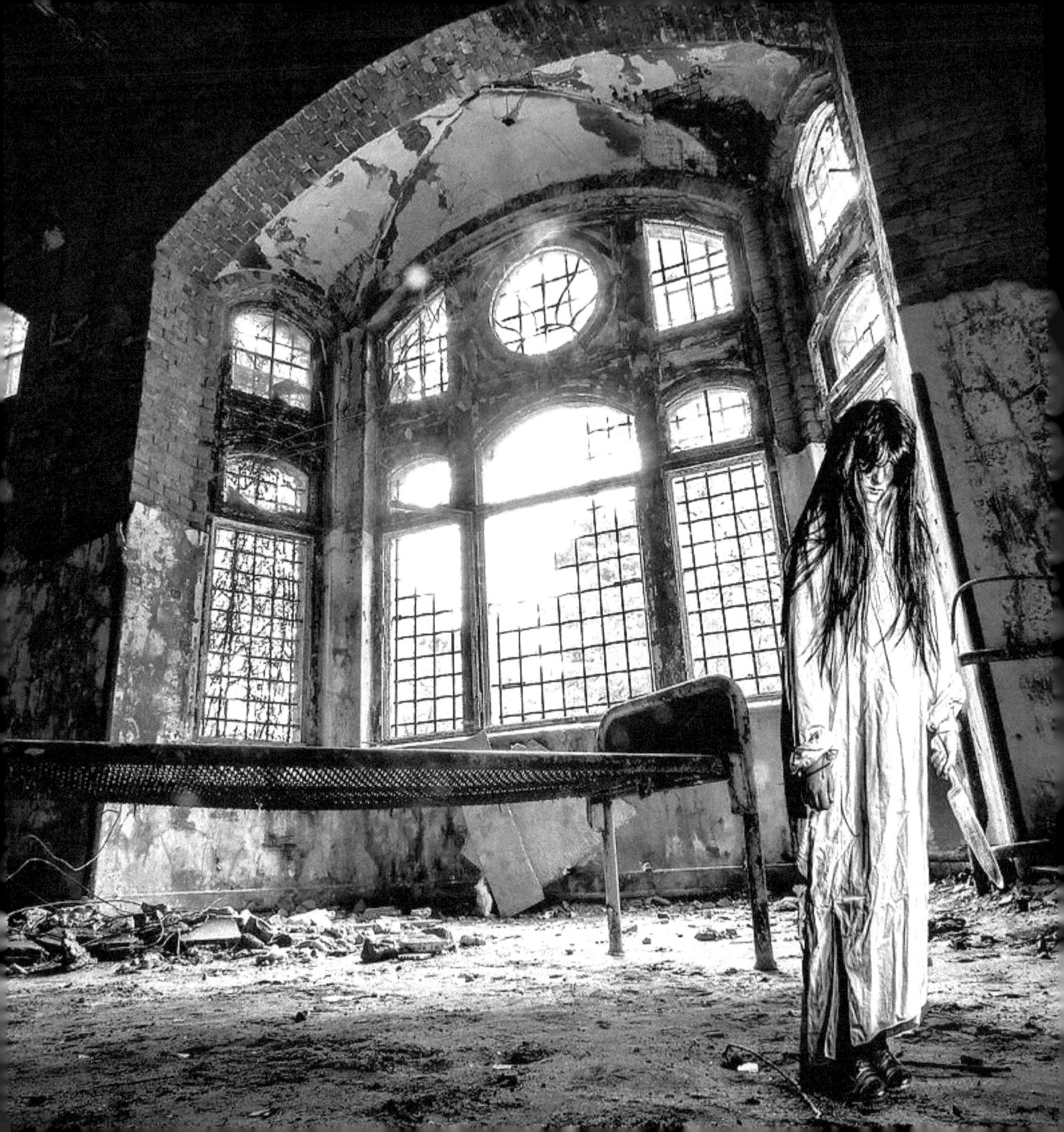

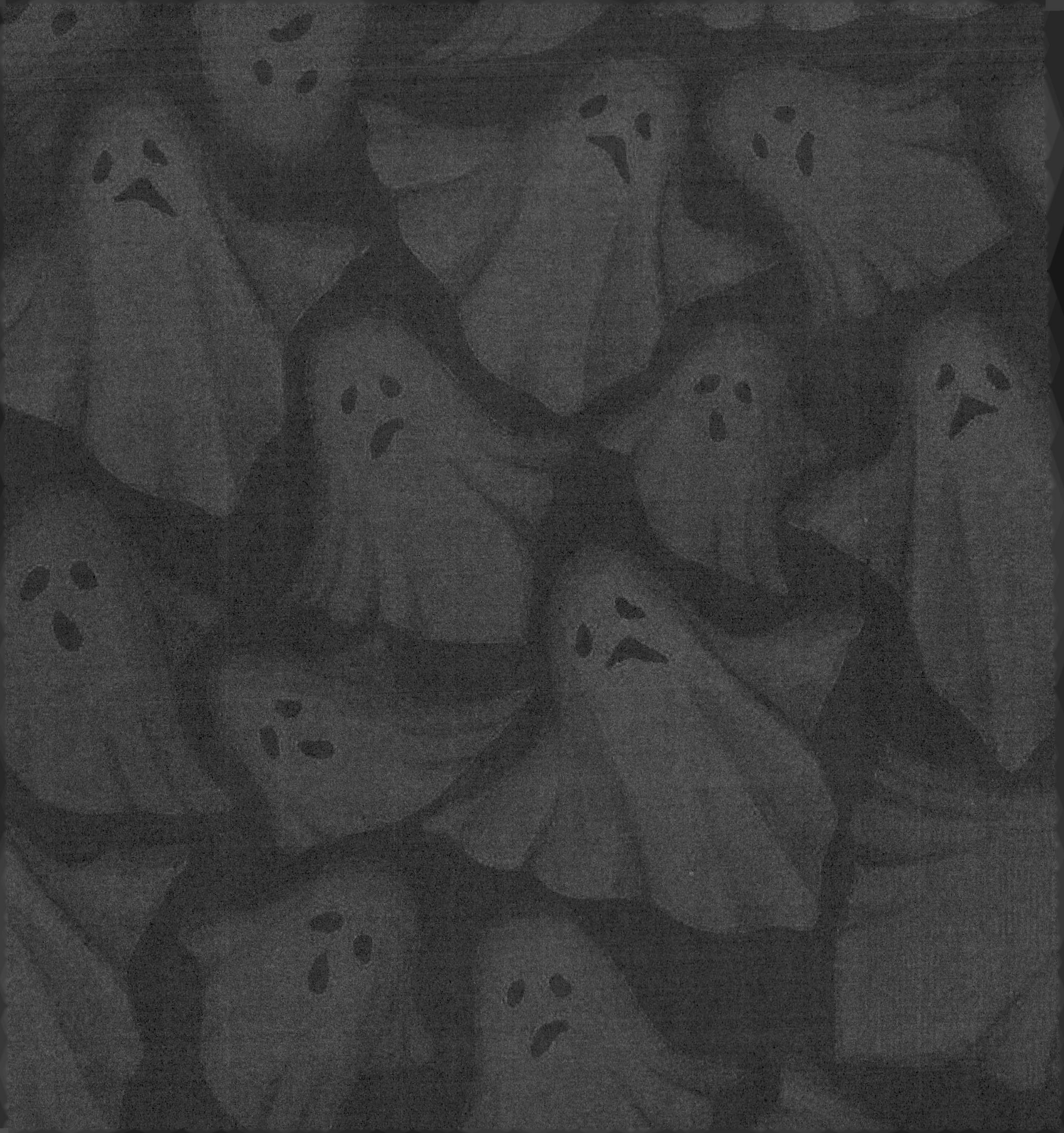

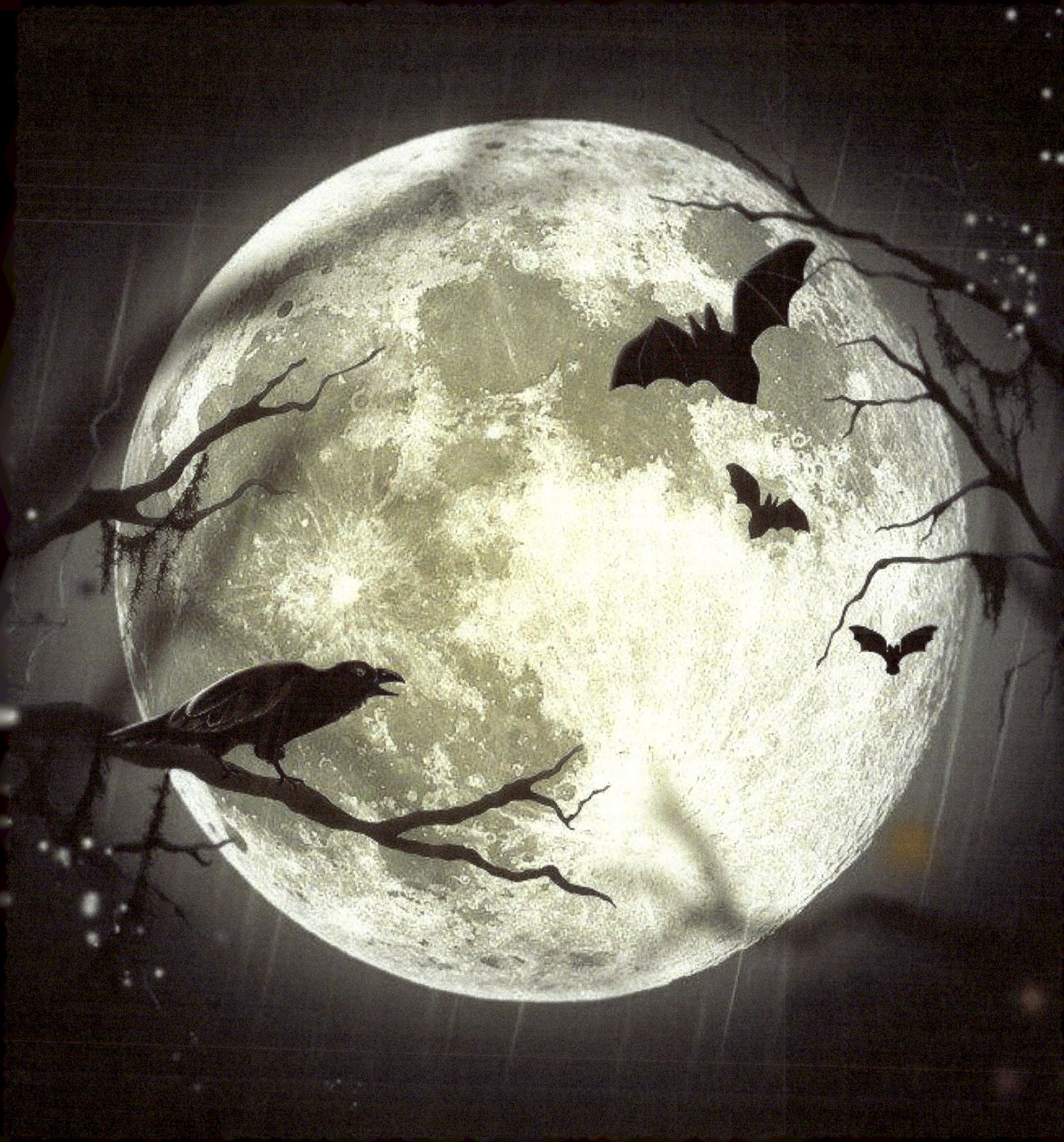

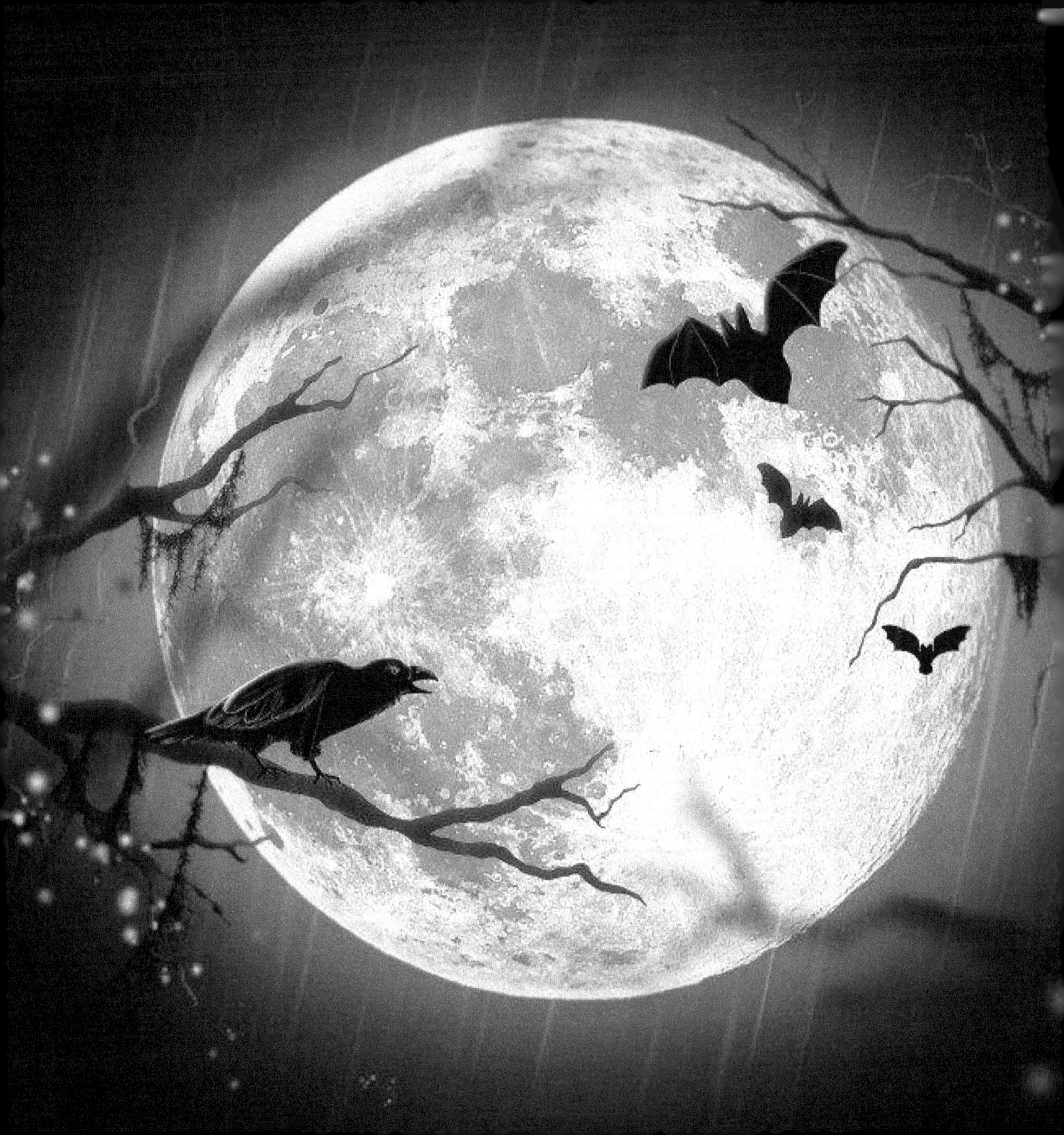

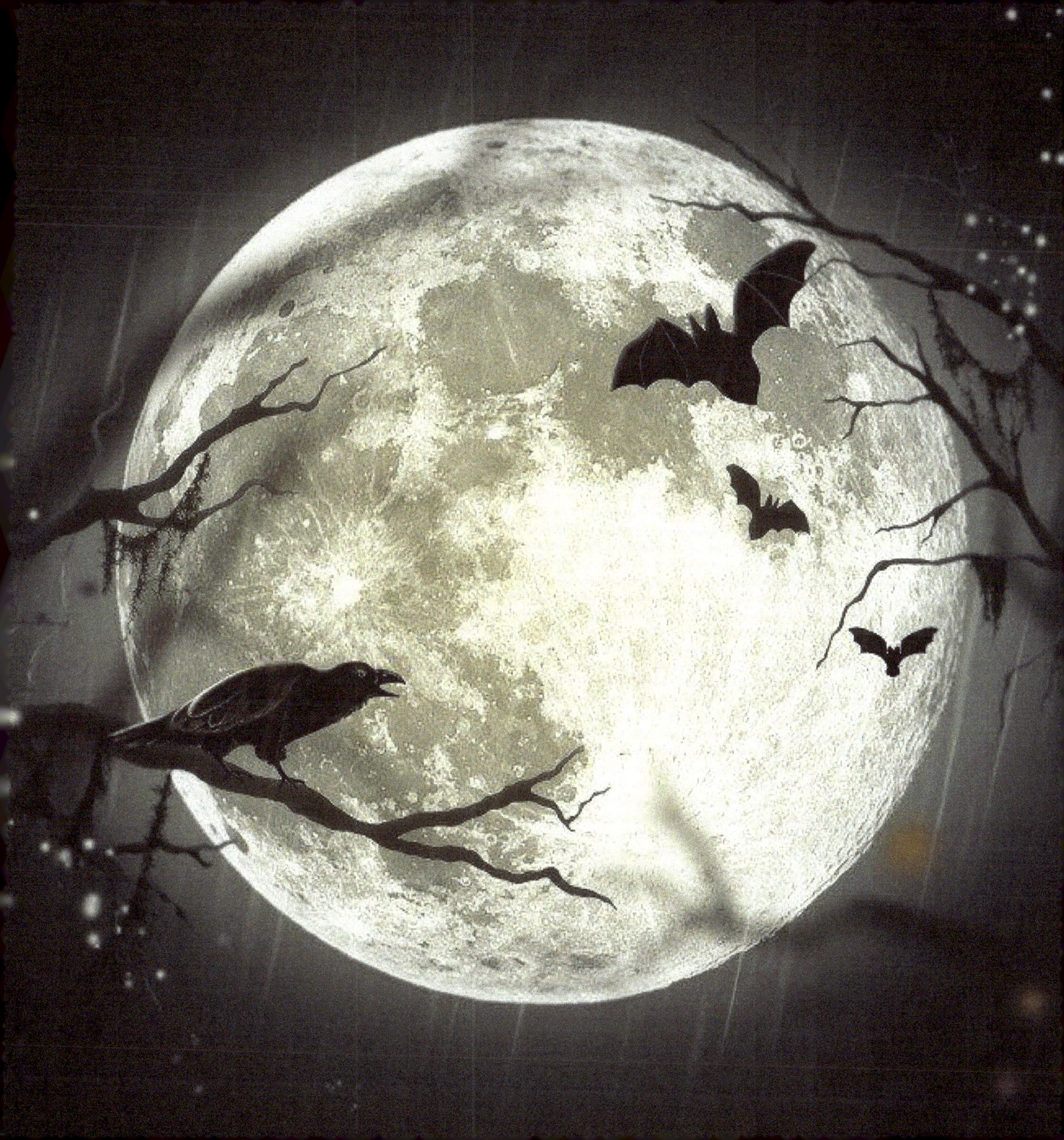

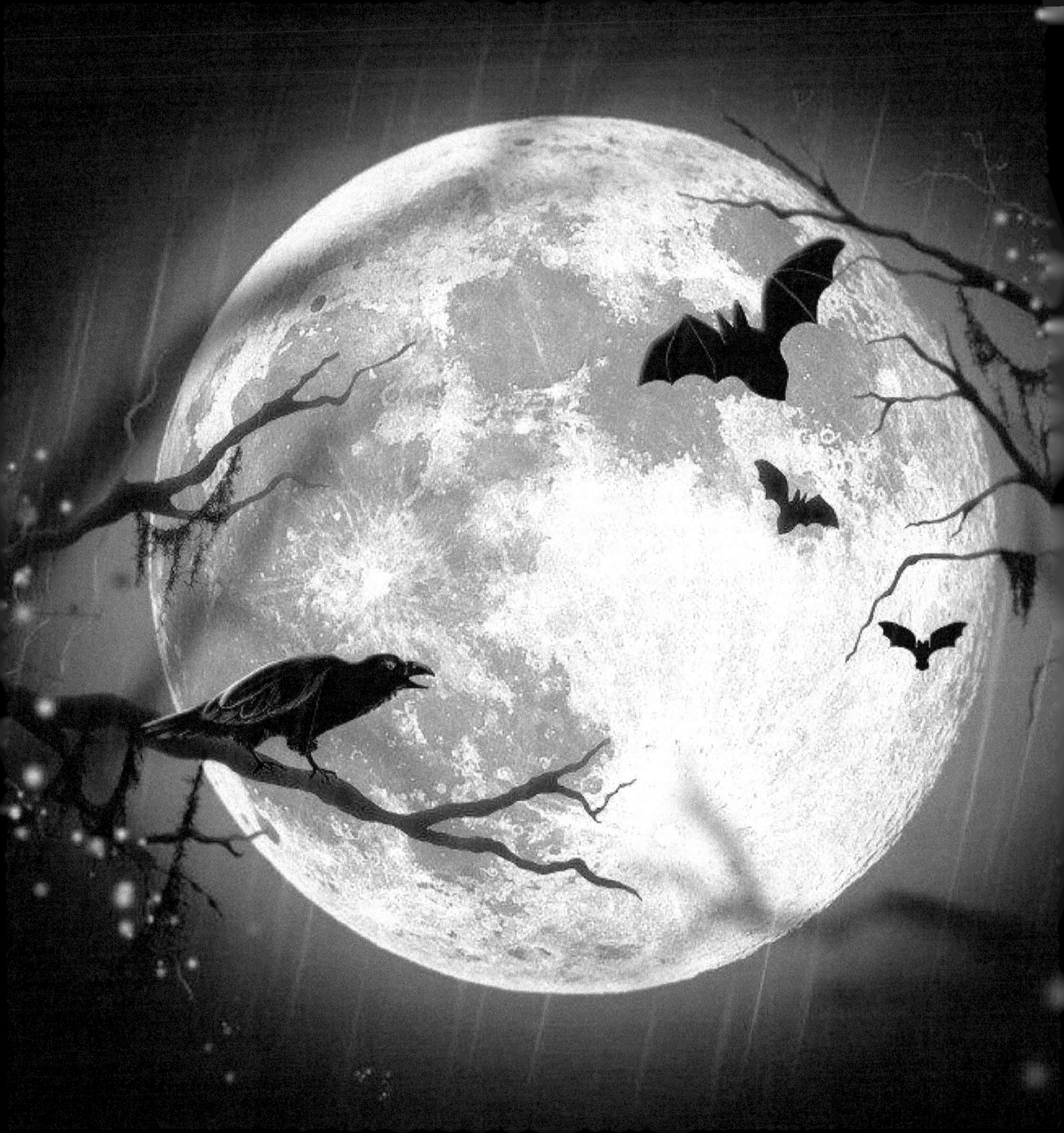